CW01663290

Benvenuto in Italia

Bienvenue en Italie

Avec ce petit livre de jeux,
tu vas pouvoir t'amuser à découvrir l'Italie.
C'est un très beau pays, créatif et chaleureux.

Au fil des pages, tu vas apprendre
un tas de choses à travers des jeux,
des illustrations, des photos...

**Amuse-toi bien
et bonnes découvertes !**

*Et pour faciliter ta lecture,
les mots compliqués, surlignés en rose,
sont expliqués dans le lexique p. 59.*

Une drôle de carte

jeu

Relie les points de la carte d'Italie et tu découvriras à quel objet fait souvent penser ce pays.

Buongiorno, bonjour !

Mon nom est Giovanni. Je vis en Italie, tout près de Sienne avec Mila, ma sœur jumelle et mes parents. Nous habitons dans une grande ferme au milieu d'un vignoble. Maman et papa s'occupent de récolter le raisin pour faire du vin.

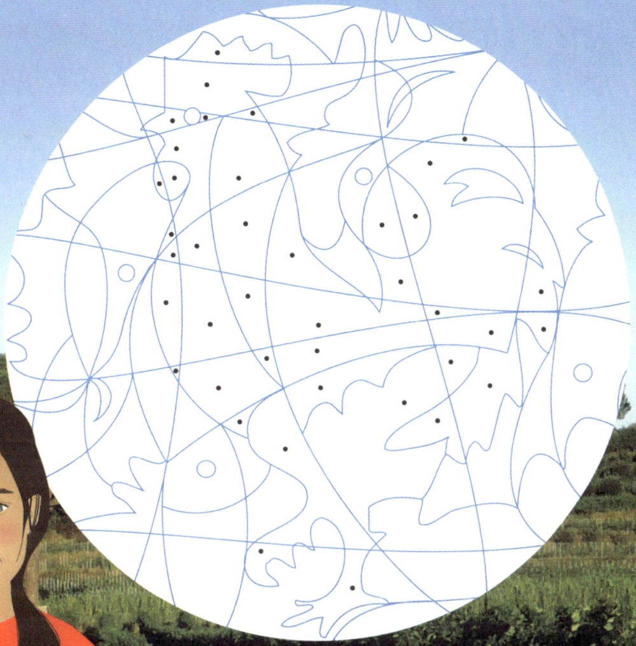

jeu

Dans notre région, la Toscane, on produit un vin de grande renommée, le Chianti.
Pour reconnaître un authentique Chianti, il suffit de repérer un petit animal dessiné sur le col de la bouteille. Tu le découvriras en coloriant les cases marquées d'un point noir.

Nos parents

Dans notre ferme, nous accueillons également des touristes étrangers qui viennent pour visiter notre belle région. En Italie, c'est ce que l'on appelle l'*agriturismo*.

jeu

Retrouve d'abord tous les prénoms de la liste ci-dessous.

Ils peuvent se lire dans tous les sens (sauf en diagonale) et la même lettre peut servir plusieurs fois.

A	F	I	O	R	E	P	L	A
L	E	N	A	M	E	A	I	I
L	O	D	R	A	N	O	E	L
E	L	I	S	T	A	L	T	C
T	A	B	E	T	T	O	O	A
A	N	N	A	E	A	S	O	R
N	U	U	G	O	T	A	E	L
O	R	B	A	R	B	A	R	A
D	B	C	H	I	A	R	A	A

BARBARA UGO
CHIARA PAOLO
DONATELLA MATTEO
CARLA LEONARDO
FIORE LEA
ANNA ROSA
LIA LENA
BRUNA LIETO

_ _ _ _ _ _ _ _ _

Les lettres restantes forment le prénom de notre maman.

L'huile d'olive

En Italie et notamment en Toscane, on produit du vin et de l'huile d'olive de très grande qualité. Cette région bénéficie de collines ensoleillées et d'un climat idéal pour le développement des fruits. **L'Italie est le deuxième producteur mondial d'huile d'olive.** On en trouve donc en Toscane mais aussi en Ombrie et dans tout le sud de l'Italie. Elle est réputée pour son onctuosité et sa saveur très parfumée.

jeu

*Mila et sa maman doivent acheter **trois litres d'huile d'olive verte** et **deux litres d'huile d'olive noire.** Quelles bouteilles doivent-elles rajouter sur le comptoir ?*

L'impressionant
Palazzo Pubblico
sur la Piazza del Campo

Sienne

Ville du Moyen Âge, Sienne conserve de superbes monuments et ses nombreuses ruelles en font un lieu plein de charme.
Elle est notamment connue pour sa magnifique place construite en pente et en forme de coquillage, la ***Piazza del Campo***.

Depuis longtemps, la ville est organisée en *contrade* (quartiers). On en compte 17.
Toutes les *contrade* se veulent différentes, originales. Elles ont chacune leur nom (souvent celui d'un animal : l'escargot, l'aigle, le dauphin...), leur blason, leurs chansons... et historiquement un quartier ennemi.

jeu

Ici sont représentées toutes les contrade *de Sienne en double.*

Trouve le symbole qui est seul. Cette contrada *n'existe pas !*

Le Palio

Chaque année, le 2 juillet et le 16 août, Sienne organise une spectaculaire course de chevaux : **le *Palio delle contrade*.** La course se déroule en plein cœur de la ville sur la *Piazza del Campo* ! Elle oppose les représentants de 10 quartiers (les *contrade*) de Sienne tirés au sort parmi les 17 que compte la ville.

Le gagnant de la course est le cheval qui a fait le plus vite possible trois fois le tour de la place. Cela ne dure donc pas plus de deux minutes !

Durant la course, tous les coups sont permis et chaque participant peut se servir de sa cravache pour déséquilibrer le cavalier ou le cheval adverse. D'ailleurs, parfois, les chevaux terminent la course... sans cavalier.

jeu

Quel cheval rencontrera le moins d'embûches pendant la course et arrivera le premier ?

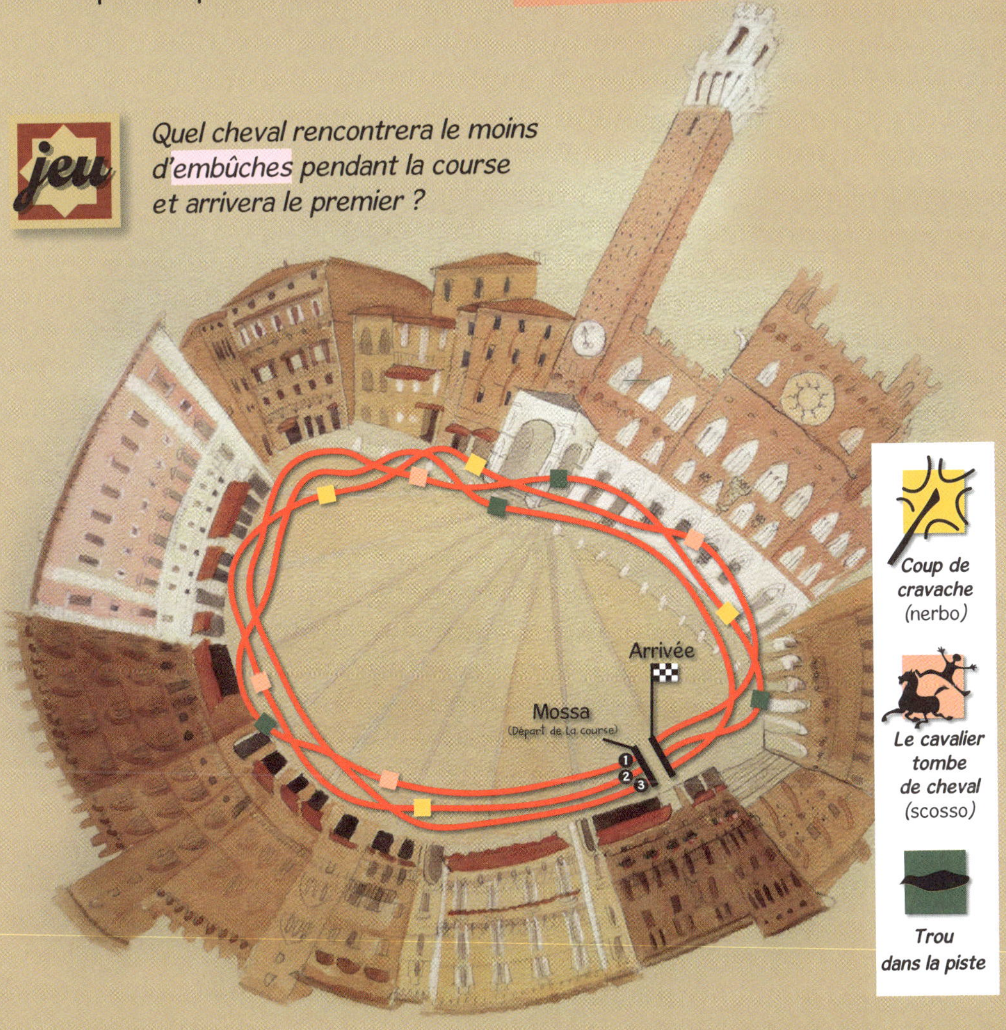

La langue

Les Italiens utilisent le même alphabet que le français, c'est-à-dire un alphabet latin.

se prononce

Bonjour : Buongiorno (bouonejiorno)
Bonne nuit : Buonanotte (bouonanoté)
Au revoir : Arrivederci (arivédertchi)
Salut : Ciao (tchao)
Merci : Grazie (gradzié)
S'il vous plait : Per favore (pèr favoré)
Merci beaucoup : Grazie mille (gradzié millé)
Excusez-moi : Scusi (scouzi)
Je ne comprends pas : Non capisco (none capisco)
Comment t'appelles-tu ? Come ti chiami ? (comé ti kiami)
Je m'appelle : Mi chiamo (mi kiamo)
Comment vas-tu ? Come stai ? (comé staille)

2 due
4 quattro
1 uno
3 tre
6 sei
7 sette
10 dieci
5 cinque
8 otto
9 nove

Les mots italiens dans le français

Des milliers de mots français prennent leurs racines dans la langue italienne.
Et beaucoup sont restés identiques.
Sans le savoir, tu parles déjà un peu italien !

jeu *Sauras-tu reconnaître les mots italiens cachés dans ce texte ? Entoure-les.*

Aujourd'hui la Diva
est attendue à l'opéra
pour accompagner
un concerto au piano.

Un paparazzi
s'y est rendu incognito.

C'est toujours
le même sénario.
Après une grande
assiette de spaghetti
et un succulent tiramisù,
la soprano s'élance
sous les lumières
et les bravos...

La Renaissance

Du XIVe siècle au début du XVIe siècle, un très important mouvement culturel et artistique s'impose en Italie puis en Europe : **la Renaissance.**
C'est un style qui se remarque surtout dans la peinture et apporte de grandes avancées dans la perspective et les proportions des portraits et des paysages.

jeu PETITE LEÇON DE PERSPECTIVE

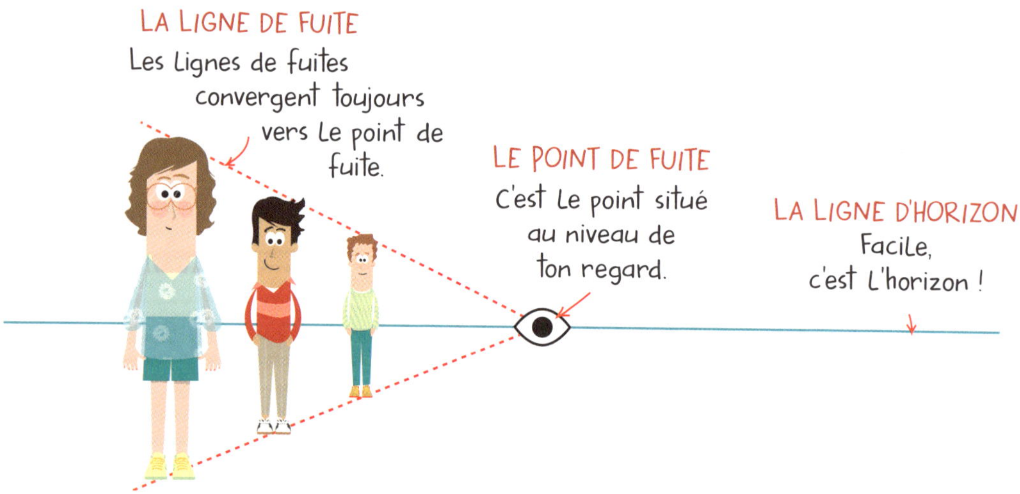

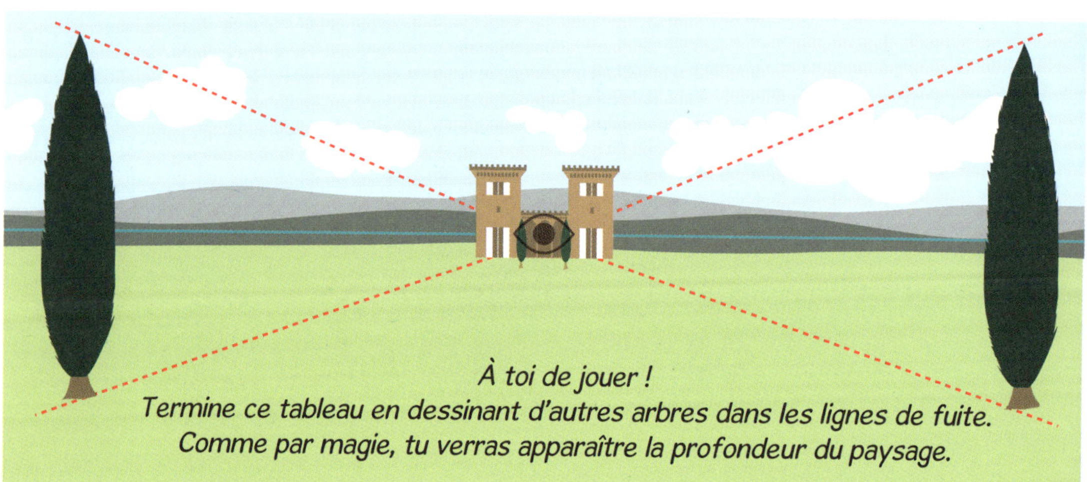

et ses artistes

jeu

Tu as sans doute déjà vu ces œuvres célèbres de la Renaissance italienne, mais connais-tu leurs auteurs ? En supprimant les lettres U, P et S, tu découvriras leur véritable nom.

BOUTTUSICELULI

La Naissance de Vénus

Cette œuvre est exposée à La Galerie des Offices à Florence.

LÉPONAURD UDE VINUCIP

La Joconde

Tu peux admirer ce tableau au musée du Louvre à Paris.

MICPHEUL SANUGE

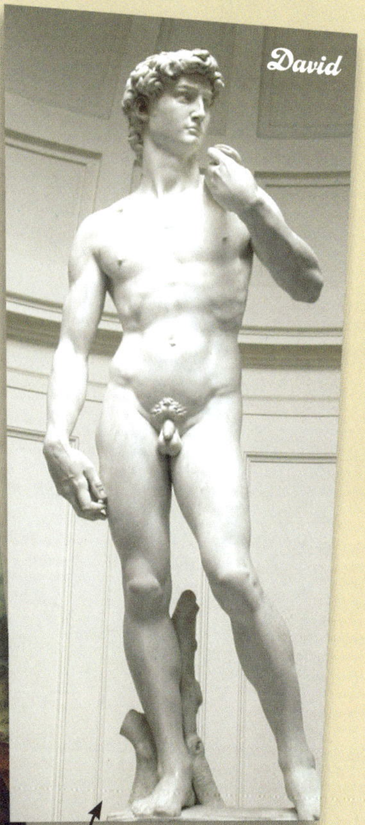

David

Une sculpture de plus de quatre mètres de haut à découvrir à la galerie de l'Académie à Florence.

Florence

Florence est la capitale de la Toscane. C'est une ville remplie d'histoire, très connue pour ses œuvres artistiques et architecturales de la Renaissance.

Du XIVe au XVIIe siècle, Florence fut gouvernée par une très grande famille, **les Médicis**. Durant leur règne, ils rendirent célèbres beaucoup d'artistes de la Renaissance grâce à leur passion pour les arts.

jeu

Dans son tableau de la cathédrale ***Santa Maria del Fiore*** *(un des plus célèbres monuments de Florence), ce peintre a laissé cinq erreurs. Sauras-tu les retrouver ?*

Le Ponte Vecchio

***Ponte Vecchio* signifie “pont vieux“.**
C’est le pont le plus célèbre de Florence.
Bâti en 1345, il enjambe **l’Arno**, le fleuve qui traverse la cité.
À l’origine, les boutiques situées sur le pont étaient occupées par de nombreux bouchers et tanneurs. En raison des mauvaises odeurs qu’elles dégageaient, **les Médicis** décidèrent de les remplacer par des bijoutiers et des joailliers.

jeu

***Trouve sur le* Ponte Vecchio :**

- *une fillette qui pleure,*
- *un voleur de bijoux,*
- *Mickey,*
- *un doudou perdu,*
- *un chien qui fait pipi,*
- *des boucles d’oreilles en forme d’étoile,*
- *un appareil photo,*
- *une crotte de chien.*

jeu *Combien de tasses ne forment pas de paire ?*

Le café

Depuis longtemps, le café italien est très renommé.
Il apparaît pour la première fois en Italie à Venise au XVIe siècle.
Aujourd'hui, dans les bars, on sert un *espresso*. Il est souvent court et serré, c'est-à-dire très fort.

À la maison, maman prépare souvent une variante du café : LE CAPPUCCINO ! Il est préparé avec de la mousse de lait et saupoudré de chocolat ou de cacao, c'est délicieux !

La tour de Pise

On l'appelle aussi la tour penchée ou encore ***Campanile***.
Située en Toscane, sa construction débuta en 1173 et ne s'acheva qu'en 1370 car la tour s'inclinait déjà au moment où l'on élevait le troisième étage (elle en comporte six). Cela bloqua donc un moment les travaux.

Cette inclinaison s'explique par la proximité de nappes phréatiques qui ont rendu le sol humide et peu stable et entraîné un affaissement du terrain. De peur qu'elle ne s'effondre, des travaux de rééquilibrage ont été menés entre 1993 et 2001. **Depuis, elle se redresse et gagne chaque année quelques millimètres.** On peut monter jusqu'en haut de la tour, mais il faut s'armer de courage car elle compte beaucoup de marches.

jeu

Pour connaître le nombre exact de marches de la tour de Pise, complète la pyramide.

Deux chiffres côte à côte permettent de trouver le résultat juste au-dessus.

294

147 | 147

77 | 70 | 77

40 | 37 | 33 | 44

20 | 20 | 17 | 16 | 28

7 + 13 | 7 | 10 | 6 | 22

Pinocchio

Tu connais sûrement l'histoire de ce célèbre pantin de bois. Eh bien, Pinocchio est né en Italie. En effet, l'auteur de ses aventures se nomme **Carlo Lorenzini** et il vivait à Collodi en Toscane. Si tu t'y rends, tu pourras visiter un parc qui retrace la vie de Pinocchio.

Choisis le nez de Pinocchio et termine le dessin.

À l'origine, l'histoire de Pinocchio était publiée sous forme d'épisodes dans *le Journal des enfants* de 1881 à 1883. Elle est devenue célèbre dans le monde entier et a été adaptée de nombreuses fois au cinéma (dont le dessin animé de Walt Disney) et à la télévision (la plus célèbre est celle d'un autre italien, Luigi Comencini).

la délicieuse recette du

Tiramisù*

* en italien, tiramisù veut dire, "tire-moi en haut" ou plus poétiquement "emmène-moi au ciel".

1. Sépare les blancs des jaunes. Mélange les jaunes avec le sucre.

2. Ajoute le mascarpone au fouet.

3. Monte les œufs en neige.

4. Incorpore délicatement les blancs en neige au mélange avec une spatule.

5. Mouille les biscuits dans le café et range-les dans le plat.

6. Alterne bicuits et crème et place le tout 4 heures au réfrigérateur. Saupoudre de cacao au moment de servir.

Rome

Rome est la capitale de l'Italie et, avec plus de 2,8 millions d'habitants, c'est également la plus grande ville du pays. Elle fut construite sur sept collines et on l'appelle parfois ainsi : "la ville aux sept collines".
On la surnomme aussi la "Ville éternelle" en raison de la richesse de son passé et de son influence sur l'ensemble de l'Europe.

jeu

Quels sont les chemins qui mènent à Rome ? Ta réponse te fera découvrir une fameuse expression liée à cette ville.

Romulus & Remus

Selon la légende, **Romulus et Remus, deux frères jumeaux fils du dieu Mars, furent jetés dans le Tibre** (le fleuve qui traverse Rome) **et recueillis par une louve.**

Devenus grands, ils décidèrent de créer une ville là où ils avaient été abandonnés.

Plus tard, Remus fut tué et Romulus devint roi de la ville à laquelle il donna son nom.

jeu

Retrouve les sept différences entre les deux images.

L'Empire romain

Rome fut également la capitale de l'Empire romain. Durant cette période très importante (de 27 avant Jésus-Christ à 476 après J-C), elle devint le centre d'un ensemble de pays qui s'étendait à travers l'Europe et le Moyen-Orient.

jeu

Pour découvrir toutes les terres conquises par les Romains, lorsque l'Empire était à son apogée, colorie en vert les zones où tu vois une couronne de laurier.

Jules César et Auguste

Jules César reste un des plus grands noms de l'histoire romaine. C'était un homme politique et un général très brillant. Il dirigea Rome et réussit à conquérir la Gaule (la France actuelle) et une partie de la Grande-Bretagne. Son petit-neveu et fils adoptif, Octave, deviendra en 27 avant Jésus-Christ **le 1er empereur romain** de l'histoire et prendra le nom d'**Auguste**.

DEVINETTE

Les prénoms de Jules César et Auguste ont donné naissance à deux mois de l'année. Lesquels ?

Juillet (Jules) Août (Auguste)

Les amphithéâtres

Durant l'Empire romain, on construisit de nombreux amphithéâtres. Ce sont de grands édifices publics en forme de cercle qui servaient à accueillir les jeux du cirque : combats de gladiateurs, de bêtes féroces, concours de lutte, courses de chars. Les jeux se déroulaient dans l'arène, la partie centrale de l'amphithéâtre.

1ère lettre du mot "louve"

dernière lettre du mot "Rome"

2 lettres avant "E" dans l'alphabet

6e lettre de "Romulus" en partant de la fin

2e lettre du mot "gladiateur"

avant la lettre J dans l'alphabet

19e lettre de l'alphabet

à la fois dans "César" et dans "défi"

2 fois dans "empire"

jeu

Le plus grand des amphithéâtres se trouvait à Rome. Il pouvait recevoir jusqu'à 55 000 spectateurs !

Si tu te rends à Rome, tu pourras encore le visiter. Pour connaître son nom, réponds aux questions suivantes et remplis les cases.

Les grandes inventions

Les Romains étaient très en avance sur leur temps pour l'organisation des villes, la culture et l'architecture. Ils ont construit ainsi de vastes cités avec des monuments imposants commes les arènes, les thermes*, les aqueducs, les théâtres…

** voir p. 39 les thermes romains*

jeu

Pour savoir ce que dit cet empereur, place ces mots dans la grille :
ROUTES,
THÉÂTRE,
THERMES,
AQUEDUCS,
puis remplis les cases selon les couleurs.

Les dieux romains

Durant l'Antiquité, les civilisations grecques, égyptiennes ou romaines croyaient en plusieurs dieux ou déesses. Ils étaient au cœur de légendes et d'anciens récits. C'est la **mythologie.** Chaque dieu avait sa particularité et ses qualités.

VOICI LES PRINCIPAUX DIEUX DE L'ÉPOQUE ROMAINE

Vénus : Déesse de la beauté et de l'amour

Neptune : Dieu des mers et des océans

Bacchus : Dieu du vin

Cupidon : Dieu de l'amour

Jupiter : Roi des dieux et dieu du ciel

Mars : Dieu de la guerre

Mercure : Messager des dieux, dieu du commerce

Diane : Déesse de la chasse et de la Lune

jeu

Retrouve le nom de ces quatre dieux romains à l'aide des définitions ci-dessus.

Les gladiateurs

Ces prisonniers ou esclaves étaient entraînés pour divertir le public et se battaient jusqu'à la mort, entre eux, ou contre des lions ou des tigres.
Un des plus célèbres gladiateurs se nommait **Spartacus.**
Il se révolta pour défendre le sort des esclaves et mena même un combat contre l'armée romaine.

jeu

Complète ces trois définitions.

Je suis protégé par un casque à plumes et armé d'un bouclier quadrangulaire et d'une épée à double tranchant.

Je suis...

Je possède deux grandes jambières qui montent jusqu'à mi-cuisse, un glaive courbe, ainsi qu'un casque à larges rebords.

Je suis...

Je suis armé du trident et d'un filet. Je ne possède ni casque ni bouclier. Mes seules protections se résument à une épaulière, une chevillère et un brassard.

Je suis...

LE SAVAIS-TU ?

Ces hommes très forts ont inspiré de nombreux réalisateurs de films au cinéma. Spartacus est un des plus célèbres peplum réalisé par l'italien Riccardo Freda en 1953.

Le cinéma

L'Italie est réputée mondialement pour son cinéma.
Près de Rome, des studios très célèbres baptisés ***Cinecitta*** ("la ville du cinéma") ont servi de décor à de nombreux films.

L'âge d'or du cinéma italien, des années 1950 à 1970, est marqué par des films de réalisateurs très talentueux comme **Visconti, Fellini, De Sica** ou **Antonioni.**
Parmi les actrices et acteurs renommés, on peut citer : **Monica Vitti, Sophia Loren, Marcello Mastroianni, Vittorio Gassman.**

Et si tu te rends à Turin, au nord de l'Italie, tu pourras découvrir un passionnant musée consacré au cinéma italien.

jeu

Pour découvrir le titre d'un célèbre film italien réalisé par Vittorio de Sica, aide-toi des symboles sous chaque lettre.

Les chiffres romains

Il y a très longtemps, durant l'Antiquité, les Romains utilisaient des lettres pour compter. Voici ces lettres et leur correspondance avec nos chiffres :

Chiffre romain	Valeur
I	1
V	5
X	10
L	50
C	100
D	500
M	1000

jeu

À toi de jouer maintenant !
Entoure la bonne réponse en suivant l'exemple.

XXXVIII (10+10+10 +5 +3)	34	48	(38)
MCCLIII	253	1253	2253
LXVII	67	107	57
DCLV	655	556	656

Si tu observes autour de toi, tu verras qu'aujourd'hui encore, on peut lire de nombreuses inscriptions en chiffres romains : sur les anciens bâtiments comme les églises ou les cathédrales, pour indiquer une date, sur les montres ou les horloges, sur certains livres traditionnels...

La fontaine de Trevi

C'est la fontaine la plus grandiose et la plus connue de Rome. Construite en 1762, elle met notamment en scène **le char de Neptune,** le dieu des mers *(voir p. 25)*, tiré par des chevaux marins.

La fontaine est aujourd'hui encore alimentée en eau par un aqueduc réalisé en 19 avant Jésus-Christ !

jeu

Si tu veux être sûr de revenir un jour à Rome, une coutume te conseille de lancer dans cette fontaine une pièce de monnaie par-dessus ton épaule gauche, le dos tourné au bassin.

Tout le monde fait-il le bon geste dans notre famille ?

Entoure ceux qui se trompent.

Le Vatican

C'est le siège de la papauté et donc **la résidence du pape.** Les papes vivent au Vatican depuis le Vᵉ siècle (sauf de 1308 à 1378 où ils siégèrent en France, à Avignon). **Le Vatican est également un état,** le plus petit du monde. Il a donc sa police, son drapeau, son journal, sa monnaie...

Colorie le symbole placé sur le drapeau du Vatican en suivant le modèle.

La Cité du Vatican

se compose notamment de **la basilique Saint-Pierre.** C'est la plus grande église au monde et la référence pour les catholiques du monde entier.

Le pape Jules II entreprit en 1506 la construction de cet édifice aux dimensions impressionnantes : 187 m de long et une superficie de 22 000 m² !

Les plus grands artistes de la Renaissance, Michel-Ange, Raphaël, le Bernin, participèrent à ce magnifique ouvrage.

Commandée par le pape Sixte IV, **la chapelle Sixtine** se situe également au Vatican. Edifiée entre 1473 et 1484, sa rénovation est confiée au XVIe siècle à **Michel-Ange** qui réalise les magnifiques fresques de la voûte.
Une visite à ne pas manquer.

jeu

Une seule pièce correspond à cette célèbre fresque de Michel-Ange. Laquelle ?

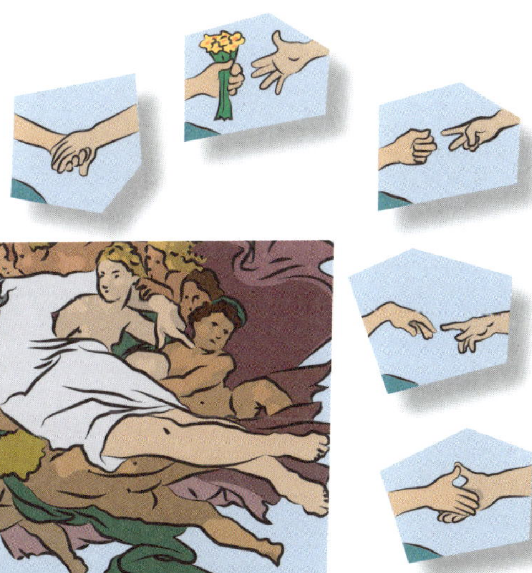

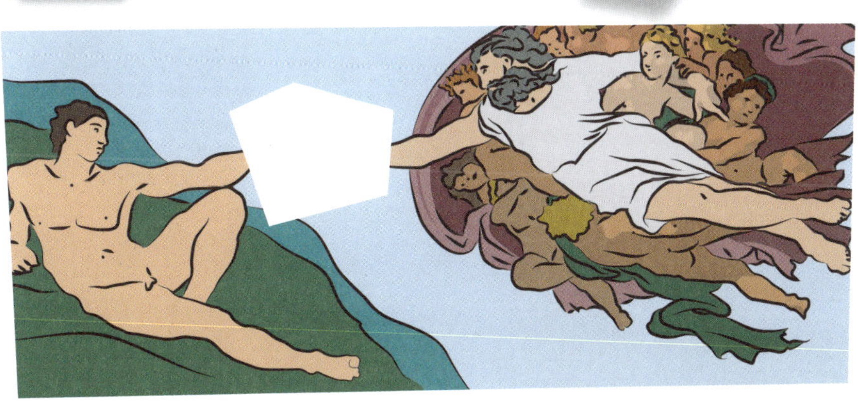

Vers le nord

Une villa
sur le Lac de Garde.

Venise
sous la brume

Pérouse

Dans mon petit album,
tu découvriras différents
paysages de mon pays.
Mais le mieux,
c'est d'y venir !

Florence

La piazza Navona à Rome

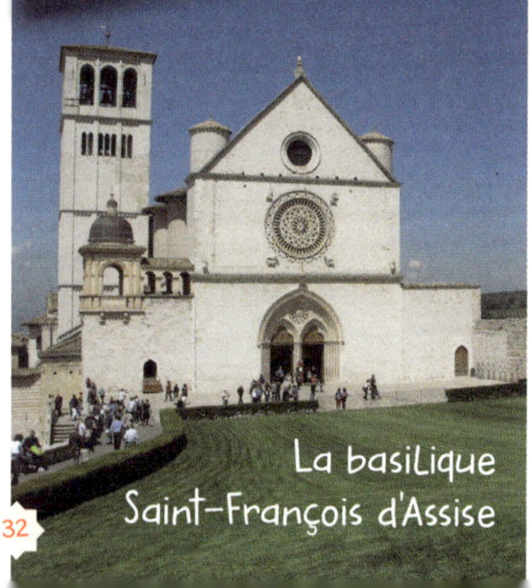
La basilique
Saint-François d'Assise

Les transports italiens...

... plus au sud

Les trulli, dans les Pouilles

Un gelato per favore!*

* Une glace s'il vous plaît !

Ici, c'est le paradis des gourmands.

La côte Amalfitaine.

Les belles italiennes

Mon frère adore les voitures et en Italie, nous sommes servis. Il y a d'abord des marques prestigieuses et très performantes : **Ferrari, Maserati, Lamborghini.**

Les Ferrari participent même au championnat du monde de Formule 1. Peu de monde peut acheter une Ferrari : elles sont produites en faible quantité et coûtent très cher. Notre pays est aussi connu pour les modèles des marques **Fiat** et **Alfa Romeo**. On appelle toutes ces voitures "les belles italiennes" en raison du design que l'on retrouve sur ces véhicules.

jeu *Dans cet embouteillage, combien se cachent de :*

Ferrari ?	Fiat 500 ?	Alfa Romeo ?
☐	☐	☐

Naples

Naples est la troisième ville d'Italie pour son nombre d'habitants (un peu plus d'un million). Elle est très animée et on dit souvent qu'elle est comme un théâtre de rue. C'est coloré, on voit le linge sécher aux fenêtres, les scooters et les voitures se faufilent dans des rues très étroites remplies de cris et d'interpellations entre les habitants.

Colorie le linge en suivant le code des pinces à linge.

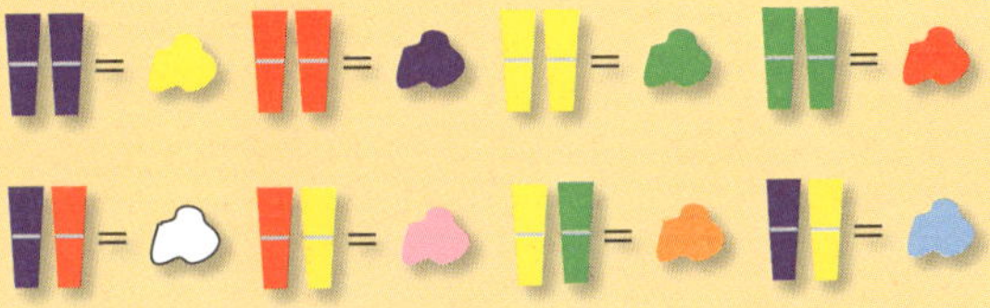

La pizza

C'est à partir de la ville de Naples que la pizza s'est répandue en Italie puis dans le monde entier. Il en existe des dizaines de variétés : aux champignons, aux quatre fromages, au jambon, aux fruits de mer...
La plus célèbre est **la *margherita*** (qui doit son nom à la reine Marguerite de Savoie) dont les ingrédients reprennent la couleur du drapeau italien : tomates (rouge), mozzarella (blanc) et basilic (vert).

jeu *Antonio est **pizzaïolo**, c'est lui qui fabrique les pizzas. Aide-le à compléter ses pizzas avec les éléments restants. Combien peut-il en faire **id**entiques à la première ?*

2	3	4

Les pâtes

Pour les Italiens, c'est sûr, ils sont les inventeurs des pâtes.
Mais elles existent depuis très longtemps et cette version ne peut être vérifiée.
Il est par contre certain que c'est en partant d'Italie que les pâtes ont conquis le monde. **Et les Italiens en raffolent** : ils en consomment 24 kg* par personne et par an !

**en France, environ 8 kg*

jeu

Il existe une multitude de formes de pâtes. En voici quelques-unes. Associe le bon numéro à chaque illustration en t'aidant des définitions.

7 - Farfalle
Pâtes en forme de papillon utilisées en gratin ou en sauce.

1 - Conchigliette
Petites pâtes en forme de coquillage pour les soupes et les sauces.

8 - Ravioli
Petits chaussons farcis avec des légumes, de la ricotta, du fromage, de la viande et même du poisson.

2 - Fusilli
Pâtes en spirale utilisées en gratin ou en salade.

3 - Penne
Larges pâtes creuses et coupées en biseau.

4 - Spaghetti
Pâtes sèches et longues (cassées pour faire les vermicelles).

5 - Alfabeto
Pâtes pour soupes en forme de lettres.

6 - Ruotine
Petites pâtes en forme de roue utilisées pour les gratins et les salades.

Pompéi

Cette ancienne ville datant de la Rome antique est située près de Naples et d'un volcan, le Vésuve.

En l'an 79, une grande éruption du **Vésuve** ravagea Pompéi en deux jours. Oubliée, recouverte de lave et de cendres, **la ville fut finalement redécouverte 1 600 ans plus tard** et, incroyable, elle était très bien conservée.

Aujourd'hui, on peut visiter Pompéi. Avec ses temples, ses théatres, ses thermes, on a un peu l'impression de découvrir la vie à l'époque de l'Empire romain.

jeu

Avec le Vésuve, le Stromboli et l'Etna, l'Italie compte trois volcans encore en activité. La dernière éruption du Vésuve date de 1944.

Trouve dans la lave, le nom de ces 3 volcans.

Les thermes romains

Ce sont des bains publics qui étaient très répandus dans la Rome antique. Car, à l'époque, seules les maisons des familles riches disposaient de salles de bains. **Les thermes étaient composés de différentes salles qui permettaient de prendre des bains froids, tièdes ou chauds ou encore des bains de vapeur.**

Ils proposaient également de vastes piscines et des jardins pour se promener après la toilette.

jeu

Plusieurs pièces de cette fresque sont fausses. Entoure-les.

Les îles

Notre papa nous a promis que pour les prochaines vacances, nous irions visiter une des îles de notre pays.

Il y en a beaucoup en Italie et il paraît qu'elles sont très belles. Les plus connues sont **la Sicile, la Sardaigne, l'île d'Elbe** et **Capri.** Elles sont toutes sur la côte ouest.

jeu

Pour relier le nom à chacune des 4 îles sur la carte, suis les indices.

La Sicile
reçoit un coup de pied.

La Sardaigne
touche presque la Corse.

L'île d'Elbe
est beaucoup plus petite que la Sicile et la Sardaigne mais plus grande que **Capri.**

La mer

Entourée par la mer, l'Italie bénéficie de **7 300 km de côtes**. On parle d'ailleurs souvent de la péninsule italienne.
Elle offre des **régions sublimes et idéales pour les vacances**. À l'ouest, près de Naples, la **côte Amalfitaine** est sans doute la plus belle. Avec ses villages pittoresques, sa mer d'un joli bleu et son relief très accidenté, elle est inscrite au patrimoine mondial de l'Unesco.

Les remparts de Gallipoli dans les Pouilles

La côte Amalfitaine

jeu

Complète ce sudoku de dessin.

Un même objet ne peut apparaître qu'une seule fois :

- *sur une même ligne,*
- *sur une même colonne,*
- *dans chaque bloc de six cases.*

Venise

On l'appelle la Sérénissime.
C'est une ville magnifique et étonnante située au nord-est de l'Italie, classée au patrimoine mondial de l'Unesco.

Elle est construite sur une suite d'îles à l'intérieur d'une lagune.
160 canaux sillonnent ainsi Venise et plusieurs centaines de ponts sont nécessaires pour passer d'une rue à l'autre.
L'eau est toujours présente.
Et donc, c'est la seule grande ville au monde où l'on ne trouve aucune voiture !

Papa et maman en voyage de noces à Venise.

*Aller à l'école ou faire ses courses, transporter des marchandises, tout se fait par voie d'eau. Pour cela, on utilise des **bateaux-taxis** ou **bateaux-bus** appelés vaporetti ou un transport traditionnel, la gondole.*

jeu

*Sur cette carte de Venise, quel chemin doit parcourir le **bateau-poubelle** pour collecter toutes les ordures **sans jamais passer deux fois au même endroit ?***

Les Gondoles

Les gondoles sont des barques d'environ dix mètres de long, relevées à l'avant et à l'arrière. Elles existent depuis longtemps à Venise, et **au XVIe siècle, on en comptait jusqu'à 10 000** (il en reste environ 400 aujourd'hui). La navigation se fait avec un seul aviron (rame). Le rameur, debout, se trouve à gauche et manœuvre sur la droite.

jeu

Trouve la gondole identique à celle du haut.

LE SAVAIS-TU ?

Depuis le XVIIe siècle, les gondoles de Venise sont **obligatoirement de couleur noire.** Car, à l'époque, les grandes familles vénitiennes rivalisaient pour avoir l'embarcation la plus richement décorée et certaines finissaient par se ruiner !

Dante & Machiavel

Portrait de Dante Alighieri

La première œuvre littéraire importante en langue italienne, *la Divine Comédie*, fut écrite au XIVe siècle par le poète **Dante Alighieri**. En 14 000 vers, il raconte sa visite en enfer, au paradis et au purgatoire.

Dans son plus célèbre ouvrage, **Nicolas Machiavel**, un autre grand auteur italien, présente les deux qualités essentielles pour obtenir et conserver le pouvoir politique : **la ruse et la force**.

jeu

Pour connaître le titre de cette œuvre de Machiavel, place chacun des mots de l'encadré à la suite de chaque groupe de mots.

Empereur . Elbe . Ravioli . Italie . Léonard de Vinci . Naples . Palio . Cappuccino

Puis, écris dans les cases la première lettre de chacun de ces mots.

Exemple avec La première suite

Michel Ange - Botticelli - Léonard de Vinci

Sicile - Capri ....

Sienne - Chevaux ....

Penne - Spaghetti ....

Angleterre - France ....

Rome - Milan ....

Lait - Chocolat ....

Rome - Auguste ....

L								

Le carnaval de Venise

C'est une grande fête traditionnelle qui remonte au Moyen Âge. Elle se déroule chaque année en février. Pendant huit jours, des Vénitiens mais aussi des touristes venus du monde entier se déguisent avec des masques dorés ou colorés et de très jolis costumes. On assiste également à de nombreux bals ou spectacles. **Autrefois, le carnaval pouvait durer jusqu'à six mois !**

Prépare, toi aussi, le prochain carnaval de Venise.

Termine ce masque en t'aidant de la grille.

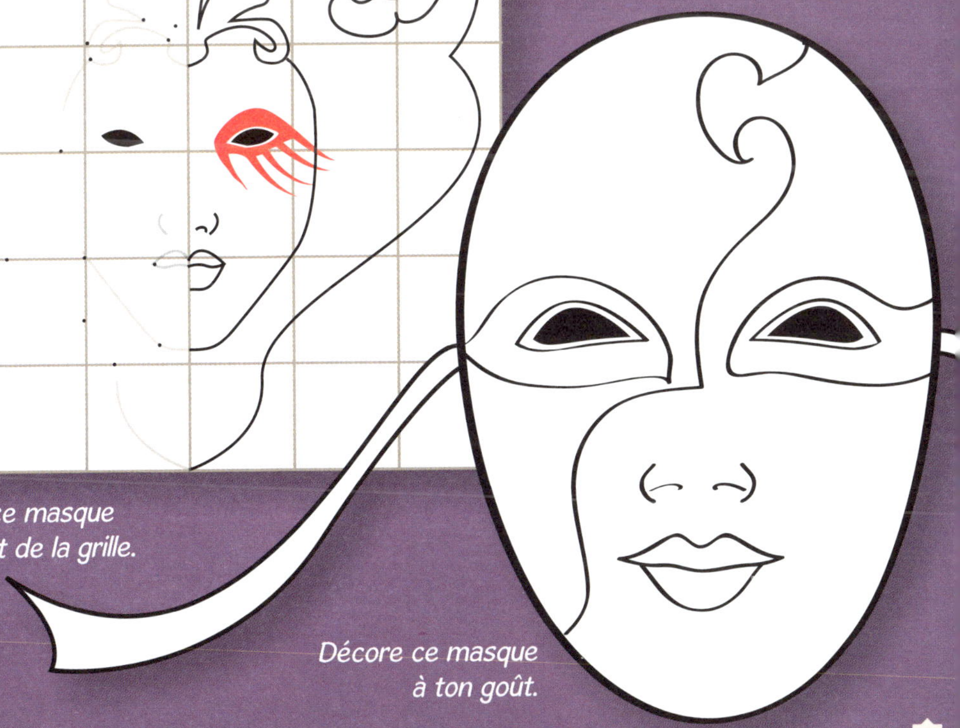

Décore ce masque à ton goût.

La mode

On dit souvent de l'Italie qu'elle est le pays de la mode. Ce savoir-faire s'exprime avec chic et élégance dans la haute couture. De grands personnages de la mode italienne comme **Giorgio Armani, Versace** ou **Valentino** sont devenus des griffes célèbres dans le monde entier. Le travail du cuir est également très réputé et offre de très belles créations tant pour les chaussures que pour la maroquinerie avec des marques de luxe comme **Gucci** ou **Prada.**

LE JEANS DE GÊNES

La couleur du Blue Jeans proviendrait à l'origine d'une teinture de la ville de Gênes : le bleu de Gênes.

Ce terme français a donné par déformation le nom ***"Blue Jeans"****.*

À tes ciseaux...

Quelle tenue de grand couturier

choisis-tu

pour habiller ce top modèle ?

Vérone

Vérone est une très ancienne et jolie ville du nord de l'Italie. On y trouve de remarquables monuments de l'Antiquité et de la Renaissance et notamment **un amphithéâtre de 25 000 places, le mieux conservé d'Italie.** Aujourd'hui encore, de grands opéras et même des concerts rock, sont donnés dans les **arènes de Vérone.**

*C'est aussi à Vérone que se déroule une célèbre pièce écrite par William Shakespeare (un auteur anglais), **Roméo et Juliette**.*

Ces deux amoureux célèbres n'ont sans doute pas réellement existé, mais tu pourras découvrir à Vérone le balcon sous lequel Roméo déclara son amour à Juliette. Aujourd'hui, le mur sous le balcon est rempli de graffitis signés des visiteurs amoureux du monde entier.

jeu

Huit erreurs se sont cachées parmi ces mots d'amour.

L'opéra

C'est en Italie, au XVIIe siècle, qu'est apparu l'opéra, un grand spectacle qui allie théâtre, musique et chants.
Son âge d'or se situe au XIXe siècle avec **Rossini, Bellini, Verdi, Puccini,** de grands compositeurs italiens. Ils ont écrit à cette époque des œuvres célèbres qui sont encore jouées très souvent aujourd'hui.
Et la plus fameuse salle d'opéra du monde, *la Scala*, se trouve à Milan au nord de l'Italie.

D'importants compositeurs de musique classique sont également originaires d'Italie : **Monteverdi, Vivaldi** (l'auteur des *Quatre Saisons*), **Albinoni** et son célèbre *Adagio*.

jeu

Pour trouver le nom de ce célèbre opéra et de son grand compositeur, remplace chaque lettre par celle qui la précède dans l'alphabet.

BJEB

EF HJVTFQQF WFSEJ

La commedia dell'arte

L'Italie a également donné naissance à une forme particulière de théâtre populaire : la ***commedia dell'arte***.

Il s'agit d'un spectacle comique qui se jouait souvent dans les rues. Les acteurs, masqués ou déguisés, improvisaient en mimant, dansant ou chantant.

Arlequin et son habit multicolore, **Colombine**, **Polichinelle**, sont des personnages de la *commedia dell'arte*.

Les spécialités italiennes

En Italie, la cuisine est très importante.
Il y a les pâtes et les pizzas bien sûr,
mais aussi d'autres nombreuses spécialités et ingrédients.
Quant aux glaces *(i gelati)*, on dit que celles d'Italie
sont les meilleures du monde !

LA CHARCUTERIE

Notamment le fameux jambon de Parme !

LES CÂPRES

Ce sont les boutons de fleurs d'un arbuste appelé câprier. Les Italiens les utilisent dans les sauces et sur les pizzas.

LES FROMAGES

LE GORGONZOLA

Un peu comme le Roquefort mais plus crémeux.

LA MOZZARELLA

Un fromage frais, au lait de bufflonne (ou de vache) que l'on marie souvent avec des tomates.

LE PARMESAN

Un fromage au lait de vache, souvent râpé et accompagnant les pâtes.

jeu

Sauras-tu relier chaque glace à son parfum italien ?

menta
noce di cocco
vaniglia
fragola
pistacchio
limone
lampone
albicocca
cioccolato

Le football

Chaque week-end, des milliers d'Italiens et de supporters (les *tifosi*) se rendent dans les stades pour assister au ***Calcio***, le championnat italien. Les meilleures équipes italiennes font aussi partie des plus grands clubs d'Europe.

On les trouve à Milan avec l'**Inter de Milan** et le **Milan AC**, à Turin avec la **Juventus** et à Rome avec l'**AS Roma.**
L'Italie a également gagné plusieurs fois la Coupe du monde (notamment en 2006 contre la France).

Les 4 étoiles pour 4 Coupe du monde gagnées !

Le maillot de l'équipe nationale, la Squadra Azzura

jeu

Quel chemin doit suivre le ballon d'Alessandra pour marquer le but ?

L'Europe

L'Italie fait partie de l'Union Européenne. Elle figure même parmi les six pays fondateurs c'est-à-dire ceux qui l'ont créée en 1957. D'ailleurs, **c'est le Traité de Rome qui a donné naissance à la Communauté Européenne** (l'ancien nom de l'Union Européenne).
Aujourd'hui, l'Union Européenne compte 27 membres (27 pays).

Remplis cette grille à partir de la liste de pays ci-dessous.
Tu trouveras ainsi les six qui ont fondé l'Europe, en 1957.

ANGLETERRE	ÉTATS-UNIS	ITALIE
ALLEMAGNE	ESPAGNE	LUXEMBOURG
BELGIQUE	FRANCE	PAYS-BAS

Voici les drapeaux des 6 pays fondateurs. Ils se ressemblent beaucoup, c'est vrai, mais sauras-tu les relier au bon pays ?

Les Pouilles

La région des Pouilles se situe dans le talon de la Botte italienne. Ici, on profite de plages dorées qui s'étendent le long de la mer Adriatique et de la mer Ionienne.

Dans les Pouilles, il ne faut surtout pas manquer les *trulli*.

Le *trullo* (au singulier) est l'habitation traditionnelle : une construction en pierres sèches qui fait un peu penser à une maison de Schtroumpf.
Sur le sommet de chaque toit, s'élève un pinacle. Il en existe beaucoup de formes, mais leur signification reste mystérieuse (décoration, symbole pour distinguer les familles, ...).

jeu *Certains pinacles sont en double, mais combien sont uniques ?*

3 charades…

1

On peut faire mon premier avec un pistolet ou un ballon.
Mon deuxième est synonyme de copain.
Mon troisième est le contraire de sur.

Mon tout est un délicieux dessert italien.

2

Mon premier est le masculin de année.
Mon deuxième signifie encore plus grave, plus mauvais…
Mon troisième est ce que fait un bébé après avoir bu son biberon.
Mon quatrième comporte cinq doigts.

Mon tout est une époque très importante de l'histoire de l'Italie.

3

Mon premier est la 7e note de la gamme de musique.
Mon deuxième est au bord de la paupière.

Mon tout est une île de l'Italie.

et 2 rébus !

Réponses Charades : 1- Tiramisù, 2- Empire romain, 3- Sicile Rébus : 1- Ferrari, 2- Jupiter

Le Quiz

1 – Comment se nomme le célèbre fleuve de Rome ?

* Le Tigre
* Le Tibre
* Le Nil

2 – Quelle ville d'Italie est connue pour sa grande course de chevaux ?

* Mienne
* Tienne
* Sienne

3 – À quoi ressemble la carte de l'Italie ?

* Un chausson
* Une botte
* Un chapeau

4 – Comment écrit-on "bonjour" en italien ?

* Bonjourno
* Bonsjournaux
* Buongiorno

5 – Quelle est la capitale de l'Italie ?

* Rome
* Rhum
* Florence

6 – Comment appelle-t-on le cuisinier qui fabrique les pizzas ?

* Un pise à iolo
* Un pizzayoyo
* Un pizzaïolo

Le petit lexique

un fauteuil design

Âge d'or
Une grande, une importante période de réussite.

Apogée
L'Empire romain était à son apogée : à son sommet, à son plus haut niveau.

Aqueduc
Un canal construit pour amener de l'eau d'un point à un autre.

Antiquité
La plus ancienne période des civilisations, de l'origine de l'histoire à la chute de l'Empire romain (476 après Jésus-Christ).

Design
L'art de dessiner des beaux objets.

Embûches
Des pièges, des obstacles.

Éruption
Une éruption c'est lorsque un volcan expulse de la lave, du gaz ou des projections.

Griffe
La marque, la signature d'un créateur ou d'un fabricant.

Haute couture
Les vêtements de luxe des grands couturiers. Ils créent des nouveaux modèles à chaque saison (automne-hiver et printemps-été).

Joaillier
Une personne qui crée et vend des bijoux en matières précieuses (or, argent).

Lagune
Une étendue d'eau séparée de la mer par une bande de terre.

Moyen-Orient
L'ensemble des pays formé par ceux de l'Asie de l'ouest (Arabie Saoudite, Iran, Irak, Turquie..) et l'Égypte.

Nappes phréatiques
Une masse d'eau souterraine formée par les eaux de pluie.

Patrimoine mondial de l'Unesco
Pour faire connaître et préserver les sites culturels ou naturels de très grande importance dans le monde, l'Unesco (Organisation des Nations unies pour l'éducation, les sciences et la culture) a établi une liste qui compte aujourd'hui plus de 900 lieux. En France, par exemple, le Mont-Saint-Michel et le château de Versailles sont classés dans cette liste.

Papauté
Le gouvernement, l'administration d'un pape.

Péninsule
Une très grande presqu'île. Par exemple la Bretagne.

Péplum
- Un film d'aventure qui s'inspire de l'histoire antique.
- C'était également une tunique sans manches portée par les femmes durant l'Antiquité grecque et romaine.

Pinacle
La partie la plus élevée d'un bâtiment.
On utilise aussi l'expression "porter quelqu'un au pinacle" : dire beaucoup de bien de lui.

Pittoresque
Qui attire l'attention par sa beauté, son originalité.

Purgatoire
Dans la religion catholique, c'est un lieu où l'on passe pour réparer ses fautes avant d'aller au paradis.

Tanneurs
Le tanneur a pour métier de transformer une peau d'animal en cuir (pour faire des sacs, des chaussures...).

Réponses

Page 4 : L'Italie est souvent comparée à **une botte** !

Page 5 : Le **coq noir** est le symbole du Chianti classico.

Page 6 : **Elisabetta**

A	F	I	O	R	E	P	L	A
L	E	N	A	M	E	A	I	I
L	O	D	R	A	N	O	E	L
E	L	I	S	T	A	L	T	C
T	A	B	E	T	T	O	O	A
A	N	N	A	E	A	S	O	R
N	U	U	G	O	T	A	E	L
O	R	B	A	R	B	A	R	A
D	B	C	H	I	A	R	A	A

Page 7 : Il y a 2 possibilités.

ou

Page 8 : Cette *contrada* n'existe pas.

Page 9 : Le cheval gagnant est celui de la **ligne 1.**

Page 11 : Les mots d'origine italienne

Diva - opéra
concerto - piano
paparazzi
incognito
scénario
spaghetti
tiramisù
soprano - bravos

Page 13 :
Michel-Ange *(David)*
Botticelli *(la naissance de Vénus)*
Léonard de Vinci *(la Joconde)*

Page 14 : Cinq erreurs

Page 15 :

Page 16 : Il y a **11** tasses seules.

Page 17 : Il y a **294 marches.**

Page 20 : **L'expression liée à ce jeu est :** *Tous les chemins mènent à Rome.*

Page 21 : Sept erreurs

Page 23 : LE COLYSÉE

Page 24 :

Page 25 :

Page 26 : dans l'ordre des définitions :
le Samnite / le Thrace / le Rétiaire

Page 27 : LE VOLEUR DE BICYCLETTE

Page 28 :

XXXVIII 38
MCCLIII 1253
LXVII 67
DCLV 655

Page 29 : **Les parents** ne font pas le bon geste.

Page 31 :

Page 34 : Il y a : **6** Ferrari, **13** Fiat 500, et **9** Alpha Roméo.

Page 35 :

Page 36 : Il peut faire **trois pizzas** identiques à la première.

Page 37 :

Page 38 :

Page 39 :

Page 40 :

Page 41 :

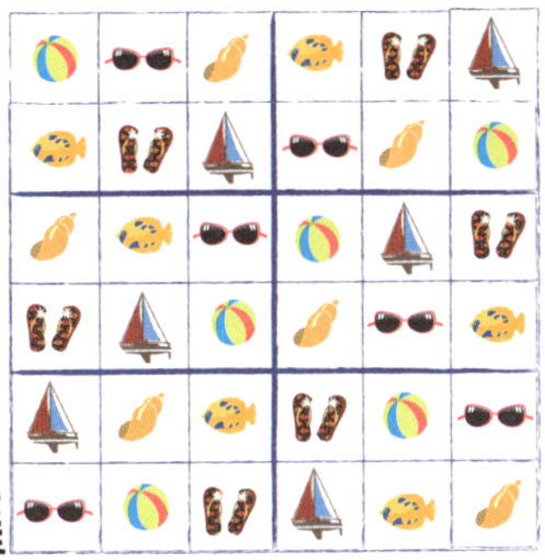

Page 42 : Voici une des réponses possibles.

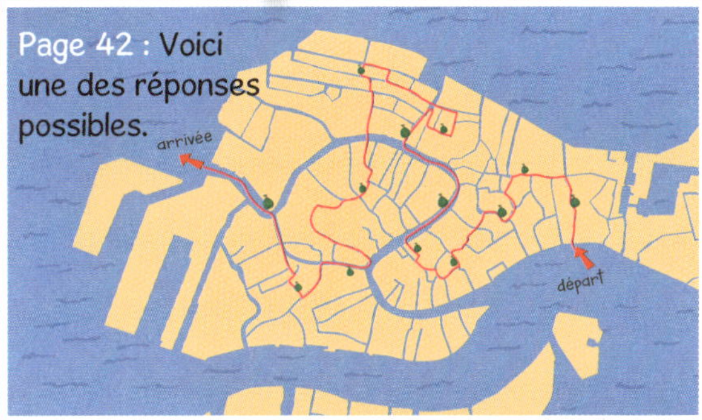

Page 43 :

Page 44 :
Léonard de Vinci,
Elbe, Palio, Ravioli,
Italie, Naples,
Cappuccino,
Empereur

LE PRINCE

Page 49 :

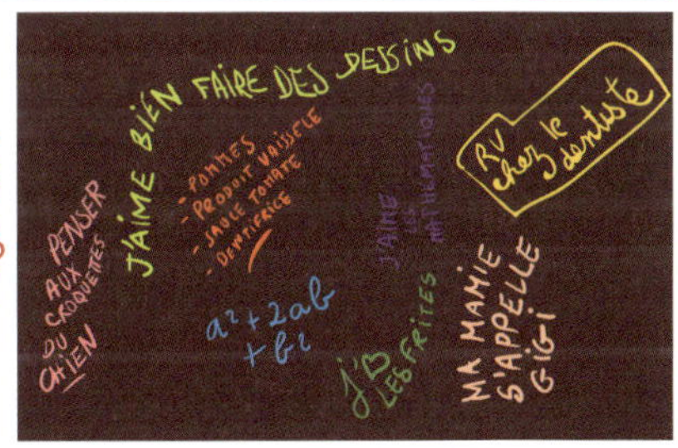

Page 50 :
Ce célèbre opéra est :
AÏDA de Giuseppe VERDI

Page 53 :
menta : **menthe**
noce di cocco : **noix de coco**
limone : **citron**
cioccolato : **chocolat**
lampone : **framboise**
fragola : **fraise**
pistacchio : **pistache**
albicocca : **abricot**
vaniglia : **vanille**

Page 54 :
C'est le **ballon C** qui marque le but.

Page 55 :

Page 56 : **8 pinacles** sont uniques.

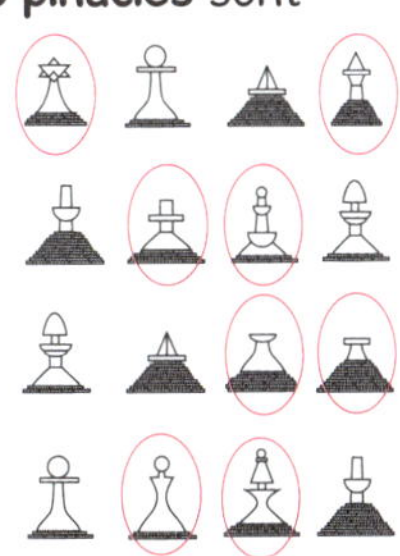

Page 58 :
Quiz
1 - le Tibre
2 - Sienne
3 - une botte
4 - buongiorno
5 - Rome
6 - pizzaïolo (pizzaïola au féminin)

Auteurs : Stéphanie et Hugues Bioret, Julie Godefroy
Illustrations : Stéphanie Bioret, Julie Godefroy

Remerciements : Enzo Clémot, Giulietta Monea

© Éditions Bonhomme de Chemin, 2022/Copyright

CONTACT :
tél. 06 13 54 19 80
bonhommedechemin@orange.fr
www.bonhommedechemin.fr

Conforme à la loi n°49956 du 16 juillet 1949
sur les publications destinées à la jeunesse
ISBN : 979-10-92714-01-2
Imprimerie Graphitilt (79) - Imprimé sur papier PEFC
Dépôt légal : février 2011
Achevé d'imprimer en mars 2022

Crédits photographiques :
Hugues et Stephanie Bioret : *p.3 : Pérouse ; p.6/7 : vignoble toscane ; p.20 : Rome ; p.2*
Colysée, Rome ; p.29 fontaine de Trévi ; p.31 : Vatican ; p.32/33 : lac de Garde, Florence
Assise ; p.49 : Vérone-balcon Juliette
Jean-Philippe Vriet : *p.33, p.40/41, p.56 : toutes les photos*
Patricia Gobin : *p.32/33 et p43 : Venise*
André Godefroy : *p.12 : quai des Chartrons*
© Adobe-Stock : *p.12 : Pompéi © droopy7*
© Pixabay : *p.8 : Sienne ; p.9 : Palio ; p.15 : Ponte Vecchio et p.16 : grains de café*

Malgré le soin apporté à la conception et au contenu de cet ouvrage, celui-ci est tributaire de changements et d'évolutions. N'hésitez pas à nous faire part de vos remarques. Les suggestions sont aussi les bienvenues.

IMPRIM'VERT®

PEFC
10-32-3010
Certifié PEFC

Tous nos ouvrages sont imprimés en France sur un papier PEFC qui garantit une gestion durable de la forêt.